KB190172

불자의 삶과 공부

우룡큰스님 지음

효림

손안의 불서 6
불자의 삶과 공부

지은이   우룡큰스님
엮은이   김현준
펴낸이   김연지
펴낸곳   효림출판사

초 판 1쇄 펴낸날 2022년   5월   8일
        2쇄 펴낸날 2022년 12월 12일

등록일 1992년 1월 13일 (제2-1305호)
주 소 서울특별시 서초구 반포대로14길 30, 907호 (서초동, 센츄리 I)
전 화 02-582-6612, 587-6612
팩 스 02-586-9078
이메일 hyorim@nate.com

값 3,000원

ⓒ 효림출판사 2022
ISBN 979-11-87508-75-5 (03220)

표지 사진 : 수다사 대웅전 목련존자간경도 (성보문화재연구원 제공)

책을 내면서

이 책은 2021년 1년 동안 월간 「법공양」에 연재하였던 우룡雨龍큰스님의 법문을 모은 것이다.

스님께서는 어떠한 이가 참된 불자이며, 불자와 신심과의 관계를 밝힌 다음, 지금 현재의 삶을 돌아볼 때 속고 살지는 않는지? 주인노릇은 잘하고 있는지? 를 되묻고 있다.

그리고 성불을 향해 나아가는 불자는 어떤 공부를 해야 하는지를 간결하면서도 분명히 일깨워 주고 있다.

잘 새겨 멋진 삶의 주춧돌을 놓으시기를!

불기 2566년 부처님오신날

엮은이 김현준 합장

차 례

I
불자와 신심

불자인가? 불교신자인가?

엉뚱한 질문부터 먼저 던져본다.

"이 글을 읽고 있는 분은 불자佛子인가? 불교신자佛教信者인가?"

불자는 '나' 스스로 부처가 되겠다는 발원을 하고 나아가는 사람이요, 불교신자는 부처님을 무조건 믿고 의지하는 사람이다. 그렇다면 당신은 불자인가? 불교신자인가?

부처님께서 걸어가신 길을 생각해보면 어떠한 이가 불자인지를 잘 알 수가 있다.

석가모니 부처님은 처음부터 끝까지 당신의 힘으로 걸어가서, 당신의 힘으로 성취하고, 당신의 힘으로 마무리를 하신 분이다. 이와 같은 이가 불자이다.

그러나 불교를 무조건 믿고 따라가기만 하는 이는 불교신자의 영역에서 벗어나지 못한다. 왜? 불교는 무조건 믿고 따라가는 종교가 아니기 때문이다.

불교는 '나' 스스로 부처가 되는 길로 나아가는 종교이다. 석가모니 부처님처럼, '나'의 힘으로 하나씩 하나씩 고쳐나가고 닦아나가는 이가 참된 부처님의 아들딸인 불자佛子요, 무조건 믿고 따라가기만 하는 이는 불교신자일 뿐 참된 불자가 아니다.

불자의 길은 진짜 밥맛을 아는 것과 같다.

밥의 참맛을 알고자 하면 그 밥을 직접 먹어보아야 한다. 직접 먹어 보아야 밥의 참맛을 알지, 아무리 설명을 잘한들 밥의 참맛을 일러줄 수 없다.

불경을 많이 본 분은 잘 알 것이다. 불교의 어느 경전 어느 구절에 '무조건 나를 믿고 따르라'는 말씀이 없다는 것을! 팔만대장경을 거꾸로 살펴보아도 '내 말이니 믿어라. 내 말만 믿고 따라오너라'는 말씀은 없다.

부처님께서는 오로지, '너의 힘으로 하라', '직접 체험한 것을 믿어라'고 하셨다. 직접 밥을 먹어보고 알게 된 밥의 참맛만을 믿으라고 하셨다.

불교를 믿는 이들 가운데는 부처님을 우리의 욕심을 채워주는 분으로 착각을 하는 '불교신자'들이 많이 있다.

"제가 저지른 잘못이오나, 부처님의 자비로 그 허물을 덮어주시고, 좋은 결과를 내려주소서."

이렇게 은근히 바라면서 불교를 믿는 '불교신자'들이 많다. 하지만 부처님은 우리의 욕심을 채워주는 분이 아니다. 오히려 옆에 계신다면 냉정하게 깨우쳐 주실 것이다.

"네가 뿌린 씨앗은 네가 거두어야지, 씨앗은 네가 뿌려놓고 열매는 누구더러 따라고 하느냐? 너 외에는 네가 뿌린 씨앗의 결실을 거둘 이가 없다."

이것이 석가모니불의 가르침이다. 그래서 나는 찾아오는 불자들에게 늘 당부를 드린다.

"부처님을 믿고 부처님께 기대기 전에 '나'를 먼저 돌아보십시오. 우리가 '내다, 내다'고 하는 그 '나'를 뒤돌아보십시오.

우리는 내가 뿌린 씨앗을 뒤돌아볼 줄 알아야 합니다. 내가 복의 씨앗을 뿌렸으면 복이 저절로 오게 되어 있고, 내가 재앙의 씨앗을 뿌렸으면 내가 그 재앙을 감당해야 합니다. 회피한다고 하여 다른 데로 가지 않습니다."

'나'의 인생은 '나'의 책임일 뿐, 부처님은 모든 분을 책임져주는 분이 아니다. 부처님은 아들딸을 키우는 부모들과 같다.

부모가 아들딸을 대신하여 해 줄 수 있는 것이 무엇인가? 아들딸을 대신하여 인생을 살아줄 수 있는가? 고통을 대신 받아줄 수 있는가?

얼른 생각하면 누군가가 대신해줄 수 있을 것 같지만, 이것이야말로 우리의 착각이요 욕심이요 망상일 뿐이다. 나는 불자들에게 자주 질문을 한다.

"이제까지 살면서 '나' 대신 화장실에 가준 사람이 있습니까? 아들이 화장실을 대신 갔습니까, 딸이 대신 갔습니까? 내 배가 고플 때 아들이 음식을 먹는다고 하여 나의 배가 불러본 이가 누구입니까? 나의 목이 마를 때 배우자가 물을 마시는 것을 보고 목이 시원했던 사람이 있습니까?"

이 질문을 받고 "저요!"라고 답하는 분은 아직까지 찾지 못하였다. 그렇다. 새벽에 일어나 잠자리에 들 때까지 바쁘다고 동동 뛰어봐야 별수 없고, 힘들다고 소리쳐본들 별수가 없다.

'나'의 일은 내가 해야만 한다. 내 인생은 내가 살아야 한다. 나 아니면 존재하지 않는 것이 나의 인생이기 때문에, 나 아니면 할 수 없는 일들이 허

다할 뿐이다.

그러므로 우리는 '나'의 일을 누군가가 대신 해 줄 것이라 생각을 버려야 한다. 부처님께서 대신 해줄 것이라는 믿음을 버려야 한다. 이와 같은 착각을 버리고 '나'를 뒤돌아보며 살아갈 때, 우리의 앞길은 활짝 열리게 된다.

착각 속에서 살지 말라. '나는 불교를 믿고 절에 다니고 부처님의 가르침을 배우는 불자'라고 하면서, 엉뚱한 착각에 빠지고 엉뚱한 쪽을 쳐다보고 엉뚱한 망상에 젖어 들며 살아서는 안 된다.

"언제나 스스로를 되돌아보면서 잘 단속하면 모든 일이 저절로 풀린다. 건너다보지 말아라. 엉뚱한 쪽을 건너다본다는 것은 벌써 속았다는 이야기이니, 속지 말고 너를 되돌아보아라. 너만 충실하게 단속이 되면 주변의 일들은 모두 이루어지느니라."

이것이 불자의 첫걸음임을 꼭 기억하시기 바란다.

불자의 근본은 신심

이제 믿음(신심) 이야기를 해보자.

우리 불자들은 기도를 비롯하여 참선공부·경전 공부 등을 하고 다양한 불사를 행한다. 그와 동시에 기도성취·공부성취·불사성취 등을 바라 마지않는다. 그런데 이를 행하는 불자들 중에는 소원성취를 하지 못하는 이들이 꽤 많다.

'기도를 잘하면 못 이루는 소원이 없다고 하는데, 왜 나는 소원을 성취하지 못하는 것인가?'

'꾸준히 공부하면 마침내 이루어진다고 하는데 나의 공부는 왜 진척이 없는 것인가?'

'어찌 이다지도 불사에 장애가 많은가? 부처님의 가피는 도대체 언제 오는 것인가?'

기도나 공부나 불사를 하다 보면 이와 같은 회의가 자꾸 밀어닥친다. 그리하여 기도를 멈추거나, 공부하는 방법을 바꾸거나, 불사를 포기하는 경우가 많다. 과연 무엇 때문에 이와 같은 회의가 발생하는 것일까? 가장 큰 요인은 신심信心이다. 신심이 굳건하지 못한 데서 찾을 수 있다.

기도를 예로 들어보자. 기도를 하는 '나'의 신심이 굳건하지 못하면 조그마한 어려움만 있어도 마음이 쉽게 흔들린다. 쉽게 흔들리니 집중이 되지 않고, 집중이 되지 않으니 삼매 속으로 잠깐도 들어갈 수 없기 때문에 성취를 보지 못하는 것이다.

기도성취는 간절한 마음에서 비롯된 집중과 삼매에 의해 이루어지는데, 신심이 약해서 내가 나를 흔들기 바쁘니 어떻게 마음을 잘 모을 수 있으며 소원을 성취할 수 있겠는가? 그러므로 기도성취를 하려면 신심부터 굳건히 갖추어야 한다.

신심! 이 신심은 기도하는 이들에게만 필요한

것이 아니다. 불자라면 모두가 신심부터 굳건하게 세우고 불교를 믿어야 한다.

신심이 굳건하면 환경에 휩쓸리거나 뜻밖의 일을 당하게 될지라도 흔들림 없이 향상의 길로 나아갈 수 있다. 굳건한 믿음이 있으면 더 잘 살고 공부도 더 잘할 수 있다.

하지만 많은 불자들은 흔들리기에 바쁘다. 불교계나 스님과 관련하여 좋지 않은 언론 보도가 나오면 많은 불자들이 수군대거나 격분을 한다.

"스님들이 어찌 그런 일을 해? 창피해서 절에 못 다니겠다. 다른 종교를 믿을까 보다."

그러나 이러한 원망 속에 무엇이 깃들어 있는가? 내 마음이 방황하고 있다는 것이다. 곧, 나의 믿음이 흔들리고 있다는 증거이다.

불교계나 스님들의 잘못이 '나'의 신심과 무슨 관계가 있는가? 잘못하는 그들이 나의 업장을 없애주는가? 나의 신심을 길러주는가?

문제는 남이 아니다. 바깥의 상황이 아니다. 진

짜 문제는 내 신심이다. 내 신심이 올바로 놓여 있지 않으면 나의 인생 전체가 흔들리고 무너질 수 있다.

그런데도 이 시대의 불자들은 너무나 잘 흔들린 다. 누군가가 던지는 한마디에 자기가 하고 있는 공부까지 쉽게 흔들려 버린다.

"염불은 틀렸어. 참선을 해야 진짜 공부지."

"왜 지장기도를 해? 관음기도가 쉽고 좋은데."

누군가의 한마디에 평생토록 기도하고 수행하 여 순탄하게 향상의 길을 걷던 사람들까지도 갈 등 속으로 빠져드는 것이다.

이래서는 안 된다. 신심이 흔들리면 염불·참선· 사경·독경 등을 하여도 깨달음의 법당을 지을 수가 없다. 신심이 없으면 기도성취가 요원해지 고, 불사를 마무리 짓기가 쉽지 않다.

핵심은 신심이다. 신심만 바로 갖추어져 있으 면 어떠한 문제가 닥칠지라도 꾸준히 향상할 수 있다.

그러므로 내가 택한 한길을 그대로만 나아가면 된다. 부처님께서 일러주신 기도·염불·참선·사경·독경·보시 등은 모두 행복 세상으로 나아가는 길이며, 이 가운데 한길을 택하여 꾸준히 나아가면 행복 세상의 보궁寶宮에 이르게 된다.

불교에 대한 섭섭한 감정, 주변에 대한 섭섭한 마음이 있다면 '아직 내 신심이 견고하게 놓여 있지 않구나' 생각하고 더욱 신심을 길러야 한다.

오히려 그 길을 '그냥 한번 해볼까?'하는 마음으로 선택하지 말고, '이 기도가 어떠한 것이며 이 공부가 어떠한 공부인지?'를 미리 잘 알아보고 살펴보고 이해를 한 다음에 선택을 하는 것이 중요하다.

이렇게 신중하게 선택한 다음에 믿음을 갖고 그 길로 나아가면 반드시 산꼭대기에 이를 수 있지만, 이 길로 올라가다가 내려와서 저 길로 오르고, 저 길로 오르다가 다시 내려와서 다른 길을 택하게 되면 영원히 헤맬 뿐이다.

모름지기 한길을 택하여 꾸준히 나아가는 것. 이것이 성취와 행복 세상에 이르게 하는 신심이다.

공부든 불사든 기도든 염불이든 독경이든, 흔들림 없는 신심으로 행하면 이루지 못할 것이 없다. 신심을 가지고 꾸준히만 하면 반드시 이루어진다. 가피만이 아니라 기적처럼 보이는 일도 얼마든지 이루어낼 수가 있다.

영험은 재능 있는 특별한 사람만이 나타낼 수 있는 것이 아니다. 신심 깊은 사람이면 누구나 영험을 발휘할 수 있다.

중요한 것은 신심 깊은 실천이다. 신심으로 한 가지라도 꾸준히 실천하여 나아가면 영험이 저절로 표출된다는 것을 꼭 새겨서, 흔들림 없는 신심으로 나아가기를 청하여 본다.

믿음이 깊어야 향상이 빠르다

이제 한 걸음 더 나아가자.

불자들은 삼보를 늘 생각하고 공경하는 상념공경常念恭敬의 믿음을 지녀야 한다. 상념공경은 '항상 생각하고 공경한다.'는 것이다.

이것이 불자들의 삶이나 믿음의 근본이 된다. 왜 이것이 근본이 되는가? 상념공경에는 의심이 붙을 수가 없기 때문이다.

실로 불자의 삶과 믿음에 문제가 되는 것은 의심이다. 삼보의 가피와 불보살님의 자비에 대해 의심만 없으면 온전한 믿음이 형성되고, 믿음이 온전하면 일념一念의 정진을 할 수 있으며, 일념의 정진을 하면 성취 못 할 것이 없다.

'될까? 안될까?'

'나의 방법이 맞는가? 맞지 않는가?'

이러한 의심으로 스스로를 흔들기 때문에 일념과 자꾸만 멀어지게 되고, 일념이 잘되지 않기 때문에 중도에서 포기를 하고 하차를 하는 것이다.

세상 모든 일의 성취는 이룰 수 있을 만큼의 노력이 뒤따라야 한다. 무엇이든지 할 만큼 해야 성취를 할 수 있다. 간단한 노력만으로 성취한다는 것은 그야말로 어불성설이다.

그럼 어떻게 하여야 보다 빨리 결실을 이룰 수 있는가? 의심 없는 믿음, 상념공경의 믿음 속에서 행하면 틀림이 없다. 불교공부, 기도성취, 사업 성공, 자녀 성공 등등 어떤 것을 원하든지 불보살님을 확실히 믿고 '나'의 열정을 남김없이 쏟으며 살면 뜻과 같이 이룰 수 있다.

거룩한 불보살님들께서는 '당신을 위해 정진하라'고 하지 않으신다. 당신이 아닌, 우리의 어려움을 구제하고 우리의 향상을 위해 정진하고 기도하고 공부하라고 하신다.

우리의 진정한 의지처가 되어 우리를 감싸주시는 불보살님. 그분들께 한 점의 의심 없이 '나'를 내맡겨야 한다. 그리고 그 속에서 스스로를 비우고 스스로를 깨달아 가야 한다. 스스로를 관찰하고 잘못을 참회하면서 한발 한발 향상의 길로 나아가야 한다.

일체 공덕을 두루 갖추고 계신 불보살님.

대자비의 눈으로 중생을 보살피는 불보살님.

중생들에게 복덕을 베풀고자 하는 불보살님.

이러한 불보살님께서 우리와 함께하고 있으니, 인생이 아무리 괴롭다 한들 어찌 헤쳐 나가지 못할 것이며, 바라는 바가 어렵다 한들 어찌 이루지 못하랴?

모름지기 힘들고 어려운 때일수록 부처님의 가르침을 마음에 새기고 불보살님을 더 열심히 염해야 한다. 불보살님을 향해 머리 숙여 예배해야 한다. 그렇게 하면 분명 용기가 치솟고 새로운

힘이 생겨나면서 모든 장애가 티끌처럼 흩어지게
된다.

믿음 깊은 정진은 다생의 죄업을 녹인다. 상념
공경하면서 정진하면 새롭게 태어나고, 행복의 문
이 활짝 열린다. 누구든지 상념공경의 자세로 마
음을 모아 정진하면 반드시 소원을 이루고 행복
을 영위할 수 있다.

우리의 공부와 기도의 시작이 욕심에서 출발되
었건 기대에서 출발되었건, 상념공경의 자세로 부
지런히 해나가다 보면, 어느 순간에 의식意識의
상태가 떨어져 나가고, 시간과 공간이 사라진 삼
매의 경지를 체험하게 된다.

물론 이러한 삼매를 이루기는 쉽지가 않다. 그
렇기 때문에 초기에는 하는 수 없다. 망상이 일어
나도 좋고 억지로 해도 좋다. 부지런히 몰아붙여
야 한다. 부지런히 가다 보면 저절로 정진의 길이

잡힌다.

정진하고 기도하다가 생각이 망상을 쫓아갈 때는 스스로 마음의 회초리를 들어 정진 속으로, 기도 속으로 다시 들어서게 해야 한다. 바깥으로 달아나는 의식을 안으로 거두어들이고 또 거두어들여야 한다.

처음에는 결코 쉽지가 않다. 입으로는 '관세음보살, 관세음보살…' 하면서도 생각은 엉뚱한 곳으로 달아난다. '이 무엇고?' 화두가 번뇌 때문에 문득 사라져 버린다. 스스로 오랫동안 이러한 번뇌망상 속에 방치된 채로 살아왔기 때문에 어쩔 수가 없다.

그렇지만 자꾸자꾸 하다 보면, 법당에 있을 때나 고요한 곳에 있을 때는 집중이 쉬워진다.

그리고 더욱 마음을 다잡아 애를 쓰다 보면 법당 밖을 벗어나 행동을 하거나 시끄러운 곳에 이르러서도 '관세음보살'을 염할 수 있는 경지에 이르게 되고, 다른 사람과 대화를 하면서도 '이 무엇고?'를 염할 수 있는 경지에 다다르게 된다.

'그러한 경지를 어떻게 체득해?' 하면서 쉽게 물러서지 말고, 애써 마음을 모아 정진해 보라. 차츰 내 몸이 자리가 잡혀 제3의 세계인 삼매를 이루게 된다. 그때가 되면 행복의 문이 활짝 열리고, 그때가 되면 언제나 기쁘고 즐겁고 거룩한 일들만이 가득하게 된다.

부디 불보살님을 공경하면서 마음을 모아 정진하라. 누구든지 다 된다. 고통이 있고 갈등이 있고 진정으로 바라는 바가 있으면 정진을 하라. 틀림없이 정진을 통하여 행복과 자유와 영원한 생명력을 얻을 수 있게 된다.

그날까지 용기를 잃지 말고 상념공경하면서 부지런히 기도하고 정진하시기를 깊이 축원 드린다.

발보리심하라

만약 기도나 공부를 하여 소원을 성취하고 목표를 이루었으면 마땅히 달라져야 한다. 계속 불보살님께 매달리기만 하는 불자가 아니라, 한 단계 높이 올라서서 불보살님과 함께 할 수 있는 불자가 되어야 한다.

매달리는 기도나 공부의 차원에서 이 세상을 아름답고 평화롭게 바라볼 수 있는 차원으로 올라서야 한다. 고난의 구원이나 세속적인 소원성취를 목표로 삼는 정진의 차원에서, 스스로도 깨어나고 세상을 살리는 자리로 올라서고자 노력해야 한다.

언제까지 구원을 받는 자리에 있을 것인가? 평생을 '도와주십시오' 하며 살 것인가? 오히려 모든 어려움은 불보살님께 맡기고, 이 세상 속에서 평화로움과 아름다움을 느끼는 차원으로 올라서야 한다.

곧 구원의 대상에서 한 걸음 더 나아가, 이제부터는 아뇩다라삼먁삼보리를 얻는 쪽으로 나아가라는 것이다.

범어 '아뇩다라삼먁삼보리'를 한문으로 번역하면 무상정변정각無上正遍正覺이다. '위없이 바르고 두루하고 밝은 깨달음!' 바로 이러한 마음을 발하겠다는 것이 발아뇩다라삼먁삼보리심發阿耨多羅三藐三菩提心이다.

흔히 이 마음을 줄여 발보리심發菩提心 또는 보리심菩提心이라고 한다.

보리심을 한마디로 요약하면 무엇이 되는가? '나도 이롭고 남도 이롭게 하며 살겠다'는 자리이타自利利他의 마음이다. 나도 깨닫고 남도 깨닫게 하겠다는 자각각타自覺覺他의 마음이다.

바꾸어 말하면, 자리와 자각은 지혜智慧요, 이타와 각타는 자비慈悲이다. 지혜와 자비를 갖춘 삶을 살겠다는 것이다. 나 혼자만 행복하게 살겠다는 것이 아니라, 모든 중생을 행복하게 만들겠다는 염원을 담은 마음이 보리심이다.

중생은 자기만의 행복, '나' 중심의 행복을 추구한다. 그런데, '나만의 행복'이라는 미한 생각에서 벗어나 일체중생의 행복을 생각하는 마음을 품는 것을 '발보리심發菩提心'이라고 한다.

그렇다면 지금의 우리는 어떠한가? 지금껏 불교를 잘 믿어온 우리는 어떠한가? 보리심이 일어났는가? 혼자만 행복하면 그만이라는 생각에서 깨어나, 다른 중생을 조금씩 생각하고 돌아볼 수 있는 마음을 갖게 되었는가?

진실로 이렇게 변하였다면 이미 '나' 속에 자리이타의 무량공덕이 생겨나기 시작한 것이다. 미혹한 중생의 길에서 벗어나 보리심을 발할 줄 아는

보살의 길로 들어선 것이다. 정녕 이보다 더 큰 이익과 향상이 어디에 있으리!

부디 부처님의 가르침을 깊이 새겨, 기도하고 정진하던 우리의 마음을 보리심으로 바꾸어 보자. 그리고 석가모니불·아미타불·관세음보살·지장보살님과 같은 대자비심을 품어보자. 아니, 그 천만분의 일만큼의 자비심이라도 품어보자.

그야말로 우리의 삶이 자리이타·자각각타의 지혜롭고 자비로운 삶으로 바뀌게 되고, 바라는 바들을 보다 쉽게 이룰 수 있게 되리니….

II

우리는 지금 어떤 삶을 살고 있는가?

나의 삶은 어떻소?

많고 많은 삶의 방식 가운데 과연 어떤 삶이 복된 삶인가?

돈이 많아야 복된 삶인가? 이름이 높아야 복된 삶인가? 옆에 있는 사람들이 굽신굽신 절을 해야 복된 삶인가?

이와는 반대로, 겉으로는 특별히 가진 것이 없어 주위 사람들로부터 대접을 받지 못하고 살지만, 자기 마음속에 꾸준히 무엇인가를 간직하고 누리는 기쁨 속에서 사는 것이 복된 삶인가?

판단은 각자가 능히 할 수 있을 것이다. 스스로의 진실에 비추어 보면 알 수 있을 것이다.

이제 스스로를 되돌아보자. 지금의 내 삶이 어떠한지를? 과연 복되게 살고 있는지를?

우리는 세세생생世世生生토록 익힌 버릇 속에서 우리의 진심眞心, 우리의 참된 마음을 잃은 채 살아가고 있다. 망상과 욕심과 갈등과 근심걱정 속에서 허우적거리며 업을 쌓고 쌓아, 지금 이 시간과 이 공간에까지 이른 것이다.

그런데 지금, 우리는 무감각한 상태에 빠져 버리고 말았다. 무엇이 진정한 행복인지를 망각하고 있을 뿐 아니라, 앞날에 펼쳐지게 될 너무나 당연한 일까지도 망각하고 있다.

우리가 진정으로 복된 삶을 이루고자 한다면 삶을 올바로 직시할 줄 알아야 한다. 삶의 뿌리가 무엇이며, 삶의 뒤편에 무엇이 있는지를 알아야 한다.

그것이 무엇인가?

삶의 뿌리는 대우주에 가득 차 있는 생명력이고, 삶의 뒤편에는 죽음이 있다는 것이다.

물론 삶의 뒤편에 죽음이 있다는 것을 모르는

이는 없다. 하지만 주변의 죽음에 대해 어떻게 받아들이고 있을까?

대부분의 사람들은 가까운 사람의 죽음을 경험했을 것이다. 조부모·부모·형제·스승·친구·자녀…. 그 영전 앞에서 분명히 눈물을 흘리고 슬퍼했을 것이다. 그런데 슬피 울면서 느껴 보았는가? 나에게도 숨이 떨어질 날이 다가오고 있다는 것을.

'나도 죽는다. 그것이 한 달 후가 될지 일 년 후가 될지 십 년 후가 될지는 모르지만 분명히 나도 죽는다. 이 몸뚱이는 한 줌 흙이 되고, 나의 모든 것은 흩어지게 된다.'

이러한 생각이 뚜렷이 있는가?

젊은 친구의 죽음을 대하면 '청춘이 아깝다'며 슬피 울지만, 언젠가는 그 친구처럼 '나도 죽는다'는 것을 잘 느끼지 못하면서 사는 것이 우리의 모습이다.

　오래도록 감정에 휘말리고 욕망에 끌려가고 나만의 사랑에 빠져 무감각해진 상태, 무감각이 습관화된 업보중생業報衆生의 삶 속에서 하루하루를 살아가고 있는 것이 지금 우리들의 모습이다.

　다시 한번 늙음과 죽음을 진지하게 생각해 보라. 고려 말의 나옹스님은 설하셨다.

　세월이 채찍질하여 어서 늙어 없어지라 하네
　그 속에서 몇 번이나 하하호호 하였으며
　그 속에서 몇 번이나 애고대고 하였더냐
　흙 속의 백골 되면 지난날을 후회만 하리

　나옹스님의 말씀이 무엇인가? 아무리 돈이 많은들, 돈으로 늙음을 막고 죽음을 막을 수는 없다. 돈으로 극락을 살 수는 없다. '하하호호·애고대고'가 모두 후회로 남을 뿐이다.

　눈을 크게 뜨고 바른 삶의 길을 보아야 한다.

무감각하고 습관화된 삶의 테두리에서 벗어나 행복의 길로 나아가야 한다.

부처님을 생각해 보라. 그리고 부처님과 '나'를 비교해 보라. 부처님도 나와 똑같은 사람이었다. 코 있고 눈 있고 배고프면 밥 먹고 목마르면 물 마시고 고단하면 잠을 자는, 나와 똑같은 사람이었다.

그런데도 부처님은 진리의 생활을 하셨고, 우리는 엉뚱한 길로 걸어가고 있다. 부처님의 아들딸인 불자들조차 그분의 가르침 속에서 살기보다는, 모습에 끌려가고 소리에 끌려가고 피부에 와 닿는 감촉에 속으며 살고 있다.

결코 주위의 눈치를 보며 살 것이 아니다. 옆 사람의 입방아를 걱정할 것이 아니다.

진실은 스스로가 체험하는 것이고, 행복은 남이 가져다주는 것이 아니다. 자기가 맡은 일을 충실히 하고, 나의 생활에 정성껏 임하다 보면, 인생과 행복에 대한 대답은 저절로 나오게 된다.

부모든 형제든 자식이든, '나'를 필요로 하는 사람이 있으면 기꺼이 이바지할 뿐, 내가 그들에게 한 일의 가치를 따지지 않아야 한다. 가치를 따지면 섭섭함이 깃들고 엉뚱한 감정이 생겨나게 된다.

오직 정성껏 또 정성껏, 나와 내 주변에 이바지를 하다 보면, 모든 매듭이 다 풀려 고난이 사라지고, 복이 저절로 찾아들어 내가 서 있는 곳 그대로가 부처님의 나라로 바뀌게 된다.

밖에서 복을 찾지 말고, 언제나 나와 함께하고 있는 마음자리를 주춧돌로 삼아 성심으로 살아가는 것! 이것이 행복의 주춧돌이라는 것을 굳게 믿고 살아가면 행복의 세계가 눈앞에 활짝 펼쳐지게 되리라.

주인 노릇 하고 있는가?

불교는 '내가 대우주의 주인'이라는 것을 가르쳐 주고 있다.

"네가 대우주법계의 주인인데 왜 자꾸 스스로의 힘을 믿지 못하고 남을 따라다니느냐? 본래의 자신에게로 돌아가는 삶을 살아라."

불교는 한결같이 이것을 가르쳐 주고 있다.
대우주법계의 주인인 내가 주인 노릇을 잘하면 아무에게도 속지 않는다. 그런데 우리는 남에게 속고, 주변에 속고, 성현들에게 속으며 살아간다.

왜 속는가? 내가 주인 노릇을 못 하고 있기 때문이다. 내가 본래 대우주법계의 주인인데, 나의 본래 힘을 잃고 묘한 작용을 잃어버린 채 질질 끌려다니고 있기 때문이다.

그 무엇에 끌려다니는가? 눈에 끌려다니고 귀에 끌려다니고 코에 끌려다니고 혓바닥에 끌려다니고 촉감에 끌려다니고, 시간에 끌려다니고 일에 끌려다니고 있다.

속는 줄도 모르고 회오리바람에 휘말려 정신없이 살아가고 있으니, 이러한 우리가 얼마나 바보스러운가?

본래 내가 주인이기 때문에 하루 24시간을 내가 주인이 되어서 살아야 한다. 대우주법계의 주인이 바로 나이고, 대우주법계가 바로 나의 몸이니만큼, 어느 누구에게도 지배를 받을 필요가 없다.

'내가 주인임을 확신하여 자신을 갖고 살아라.'

이것을 가르치는 것이 불교이다.

조주스님께서는 말씀하셨다.

"천하의 사람이 하루종일 시간에 끌려다니지만, 나
는 시간을 끌고 간다."

이는 '아무에게도 속지 않고 내가 주인이 되어
살아가라'는 이야기이다. 그러나 그냥 가만히 앉
아서 사는 흉내만 내고 있다고 하여 이렇게 되지
는 않는다. 그럭저럭 살면서 세월만 보내고 있으
면 세세생생을 지내도 주인공으로 살 수가 없다.

그럼 어떻게 해야 하는가?
주인공이 되는 공부를 해야 한다. 불교에는 참
선·경전공부·염불·주력·보시 등의 주인공이 되
는 여러 가지 공부 방법이 있지만, 이 공부들의 귀
착점은 한 곳이다.
그리고 특별히 빨리 성취되거나 마냥 더디게 성
취되는 공부가 따로 있지 않다. 빠르고 더디고는
오직 나의 노력에 달려 있을 뿐이다.
내가 목숨을 걸어놓고 이를 악물며 닦으면 빨

리 주인공이 될 것이요, '나 같은 게 어떻게 할 수
있겠나?' 하면서, 조금 흉내만 내고 있으면 절대
로 주인공으로 살 수가 없다.

그래서 옛 어른들은 말씀하셨다.

"이 일은 소를 끌고 지붕에 올라가는 것처럼 다부
지게 해야 한다."

황소를 끌고 지붕 위에 올라가려면 어름어름해
서는 어림도 없다. 소의 코뚜레를 바짝 끌어 잡아
당겨야 한다. 코뚜레를 바짝 잡아당기면 아무리
큰 소라도 아프니까 따라오게 되어 있다.

이처럼 화두나 염불이나 독경·사경 등의 주인
공이 되는 공부를 지어나갈 때, 소가 정신 못 차
리도록 코뚜레를 바짝 잡아 다부지게 끌고 가듯
이 해야지, 절대로 느슨하게 고삐를 풀어서는 안
된다.

이 주인공이 되는 공부는 누가 대신해주고 누가 책임을 져 주는 공부가 아니다. 불교 경전에서 하는 이야기는 언제나 같다. 금강경·능엄경·원각경·화엄경·법화경·유마경….

이 모두가 '대우주법계의 주인공이 바로 나'라는 이야기이다. '대우주법계가 모두 나의 것인데 왜 그것을 모르고 있느냐? 그것을 잘 알아서 내 마음대로 쓸 수 있게끔 하라'는 이야기를 하고 있다.

'복福이 필요할 때는 복을 가져다 쓰고, 덕德이 필요할 때는 덕을 가져다 쓰고, 지혜智慧가 필요할 때는 지혜를 가져다 쓰고, 물질이 필요할 때는 물질을 가져다가 네가 알아서 네 마음대로 쓰라.'

원리로 보면 이러한 소원들을 능히 성취할 수가 있다. 그런데 우리는 기도를 하여도 쉽사리 소원을 이루지 못한다. 왜 쉽사리 소원을 이루어내지 못하는 것인가? 우리의 기도에 때가 묻어 있기 때문이다.

돈을 위한 기도를 예로 들어 보자.

우리가 주로 하는 돈 기도는 어떤 기도인가? 대부분 내 가족이 잘 먹고 잘살기 위한 돈이 필요할 때 돈 기도를 한다. 내 가족이 아닌 몇백 명의 불쌍한 사람들을 도와주기 위한 돈이 필요할 때 하는 기도가 아니다. 욕심의 기도요 이기심의 기도이다.

이처럼 우리의 기도에 이미 때가 묻어 있기 때문에 대우주법계에서 큰돈을 얻어내지 못한다. 욕심과 때가 심하게 묻어 있으면, 오히려 기도 중에 탈이 생기고 성취가 잘 되지 않는다.

삶도 마찬가지이다. 어떤 기대나 욕심을 주춧돌로 삼아 살아가기 때문에 잘 살기가 쉽지 않다. 욕심이 없고 때가 묻어 있지 않으면 대우주법계의 지혜와 복덕 등의 참으로 좋은 모든 것들이 스스로 찾아들어 내 마음대로 쓸 수가 있다.

대우주법계의 주인인 우리가 법계의 혜택을 못
누린대서야….

잘 점검을 해 보라. 내 마음에 때가 끼어 있어
삶이 편안하지 않고 기도가 안 되는 것은 아닌
지를?

다시금 때를 씻으며 나 스스로의 원래 자리로
돌아가, 대우주법계 속에서 행복한 주인 노릇을
하며 살아가시기를 두 손 모아 청하여 본다.

속고 살지 않는가?

불교의 중심되는 가르침은 '내 마음을 흔들리지 않게 단속하는 것'이다. 일상생활 속에서 마음의 구심점이 흔들리지 않게 하는 것을 가르치고 있다.

내 중심이 바로 서 있으면 나와 주변의 객관 세계가 따로 놀지 않고, 내가 흔들리지 않으면 주변의 객관 세계도 흔들리지 않게 된다. 이것이 불교의 출발점이고 불교의 선禪이다.

그렇다면 지금의 우리는 어떠한가? 일상생활에서 내 마음을 잘 단속하고 있는가? 눈에 들어오는 모양에 속거나 귀에 들어오는 소리에 속고 있지는 않은가? 피부에 닿는 감촉에 속거나 혓바닥에 닿는 맛에 속아 넘어가고 있지는 않은가?

자칫 이런 것들에 속아버리면 되돌릴 수 없는 재앙을 불러오게 될 수도 있다. 그러므로 늘 마음 단속을 잘해야 한다. 좋은 것도 기대하지 말고 나쁜 것도 상관하지 말아야 한다.

심지어는, 불자라면 누구나 갖게 되는 극락왕생에 대해서도 엉뚱한 환상을 갖지 말아야 한다.

왜? 이런 기대가 크게 잘못된 결과를 가져올 수도 있기 때문이다.

❁

옛날, 한평생 동안 '아미타불' 염불을 독실하게 한 거사가 있었다. 그의 죽음이 임박하게 되었을 때 거룩한 아미타불의 모습이 눈앞에 나타났다. 그러자 죽어가던 거사가 가족에게 명했다.

"활을 다오."

그에게 활을 주자, 거사는 조금도 주저하지 않고 금빛 나는 아미타불을 향해 화살을 쏘았다. 그러자 너구리가 화살에 맞아 쓰러졌다.

❁

중국의 서암瑞巖은 선원의 툇마루에 걸터앉아 먼 산을 바라보면서 늘 자문자답하였다.

"주인공아!"

"네."

"정신 차려라."

"네."

"뒷날에도 남에게 속지 말아라."

"네."

§

누구든지 좋은 것을 기대하다 보면 좋은 것에 속아 넘어가게 된다. 그러므로 좋은 것에 대해 지나친 기대를 갖거나 들뜨지 말아야 한다. 더더구나 나쁜 것에 대한 기대야 말할 필요조차 있겠는가?

그야말로 극락왕생에도 속지 말고, 천국의 삶에도 속지 말고, 지옥에도 속지 말아야 한다.

그럼 속지 않기 위해서는 어떻게 해야 하는가?

평소에 늘 생각을 바로잡아서, 어떠한 일에도 흔들리지 않도록 마음 단속을 잘하며 살아야 한다.

평소에 내가 일으키는 망상이 현실에서 장애가 되고 마구니가 되어 나를 속일 수도 있고 장난을 걸어올 수도 있으니, 절대로 이런 것들에게 흔들려서는 안 된다.

그리고 나의 버릇이 내 당대로 끝나는 것이 아니라, 내 버릇이 내 아들에게 유전이 되고 내 손자에게 유전이 된다는 것을 돌아볼 줄 알아야 한다(이는 이미 DNA 연구를 통해 완전히 입증되었음).

나의 행동이나 버릇이 자식들에게 유전이 되고 확산이 된다는 것을 생각하고 사는 사람이라면, 함부로 행동하거나 나쁜 습관을 만들지 않으려고 노력할 것이다.

술버릇이든 노름 버릇이든 약을 먹는 버릇이든 노는 버릇이든, 절대로 나 하나에서 끝나지 않는다. 내가 일으킨 행동을 보고 자식들이 '싫어 싫어!'·'미워 미워'하는 마음을 가지지만, 나의 그 행동이나 버릇들은 자식들에게 무의식중에 익혀져 자리가 잡혀 버린다.

그러다가 아이들이 자라면서 본 그대로, 술을 마시고 소리 지르던 그 아버지와 거의 다를 바 없이 따라 하게 된다. 나쁘고 싫다고 생각한 것도 무의식 속에 뿌리박히면 자기도 모르게 그대로 답습하게 되는 것이다.

우리의 나쁜 버릇이 그렇게 무서운 열매를 맺게 된다는 점을 늘 주의하면서, 일상생활을 너무 가볍게 생각하지 말고 마음의 구심점을 찾아 흔들리지 않도록 노력해야 하리라.

실로 우리가 참다운 불자라면, 형편에 맞게 부지런히 닦아 흔들리지 않고 속지 않는 마음의 기운을 스스로 자꾸 만들어가야 한다. 자꾸 흔들림 없는 기운을 만들어 가면, 지금 가슴 속에 찌들어 있는 불평불만 등의 응어리들은 일부러 버리려고 하지 않아도 저절로 떨어져 나가게 된다.

그리고 계속 마음을 모아 가면 얼굴부터가 달라진다. 사심 없고 흔들림이 없기 때문에 업이 맑아지고 얼굴이 달라지는 것이다.

이렇게 될 때까지 부지런히 부지런히 해야 한다. 남이 알든 모르든 내 삶의 구심점을 부지런히 만들어 가야 한다. 길을 걸어가든 잠자리에 누워서든 일을 하든 화장실을 가든, 놓치지 말고 마음의 구심점을 똘똘 뭉쳐가야 한다. 이렇게 자꾸 뭉치는 노력이 꼭 필요하며, 이것이 모든 문제를 해결하는 열쇠가 된다.

나는 가끔 신도들에게 질문을 한다.

"움직이는 무덤과 못 움직이는 무덤이 다를 게 무엇이냐?"

49재나 천도재나 백중기도 때, 위패를 모시게

되는 돌아가신 분의 그 무덤이나, '내다 내다' 하면서 움직이고 있는 이 무덤이나 다를 것이 무엇이냐는 질문이다.

욕망과 감정을 채우지 못해 응어리를 잔뜩 품고 떠난 그분들과, 이렇게 움직이면서 욕망과 감정의 응어리를 풀지 못하여 끼고 사는 우리와의 진짜 다른 점을 찾을 수 있는가?

씨앗이 열매가 되는 것이 인과의 법칙이니만큼, 알게 모르게 저지른 모든 잘못을 부지런히 참회하고, 정성으로 맡은 일을 하면서 살아야 한다.

바로 지금 내 발등에는 과보의 칼날이 떨어지고 있다. 내가 한평생 살면서 또 다생을 살면서 뿌린 그 씨앗이 열매가 되어 내 발등에 떨어지고 있다.

아니, 씨앗을 뿌릴 때 벌써 거두게 되는 열매가 나에게 부딪히기 시작하지만, 내가 모를 뿐이다.

이처럼, '산다'는 것은 절대로 간단하지가 않다.

산다는 것 자체가 힘들고 어려운 일이다. 그리고 이런 일들로 얽히고설킨 속에 사는 것이 중생계이다.

그런데도 눈꺼풀에 속아, 우리 눈에 안 보이고 우리가 보지 못하면 덮어놓고 '없다'고 해버린다. '그런 것이 어디 있어?'라고 해버리지만, 눈꺼풀 하나만으로는 해결이 되지 않는 것이 이 세상이다.

부처님과 연을 맺고 부처님 도량에 출입을 하는 우리 불자들은. 부지런히 참회하고 정성껏 맡은 일을 하고 공부를 하여, 내 마음이 흔들리지 않도록 단속을 잘해야 한다.

그리하여 어디에도 끌려가지 않고 어디에도 속아 넘어가지 않는 대우주의 주인이 되기를 두손 모아 축원 드린다.

Ⅲ

이렇게 공부하라

성불의 의미

불교의 목표는 '성불成佛'이다.

그럼 성불은 무엇인가?

성불은 보살행을 닦아 마침내 부처님이 되는 것이다. 그리고 우리 중생들이 석가모니불과 같은 경지에 이르러서 완전한 존재가 되는 것을 성불로 규정짓고 있다.

하지만 나는 성불을 그렇게 규정지어서는 안 된다고 생각한다. 왜? 석가모니가 한두 생 동안 쌓은 공덕으로 부처님이 되신 것이 아니기 때문이다.

부처님의 전생 이야기를 기록한 본생담本生談을 보면 알 수 있듯이, 세세생생 쌓아 올린 복덕으로 석가모니 부처님이 되신 것이다.

성불은 수많은 복덕이 쌓이고 모여 이룩된다. 따라서 좁은 의미의 성불은 우리가 어떤 목표를 하나 설정하여 온갖 정성과 노력을 기울여서 그 목표를 달성하는 것이라 할 수 있다.

하나의 목표를 세워서 하나의 일을 마무리하면 하나의 성불이요, 또 하나의 일을 마무리하면 또 하나의 성불이다.

이렇게 하나를 이룩하고 또 하나를 이룩하는 것이 성불이다. 인생의 고비마다 쌓아 올린 복덕과 쌓아 올린 지혜가 세세생생 쌓이고 쌓여서, 우리도 석가모니 부처님과 같은 완전한 인격자가 되는 것이다.

학문적으로도 모자라고 인격적으로도 모자라는 우리가 '진리의 불빛을 조금 보았다'고 하여 어떻게 석가모니 부처님과 같은 완전한 차원의 성불에 이를 수가 있겠는가? 세세생생 쌓아 올린 복덕과 지혜 없이, 금생에서 내 마음의 불빛을 조금 본 것만으로는 전체적으로 완전한 존재가 될 수 없다.

우리는 불교를 바로 이해해야 한다. 바르게 이해하고 바르게 실천해야 한다. 그렇게 하기 위해서는 반드시 노력이 필요하다. 염불·주력·화두·간경看經 등의 공부를 하되, 자기가 노력을 해야 한다. 그래서 나는 언제나 불자들에게 말한다.

"정성 '성誠'이 부처입니다."

'정성'은 참되고 성실한 마음, 거짓 없는 참된 마음으로 성의를 다하는 것이다. 이러한 정성으로 불교를 믿는 사람에게 불교는 하나도 어렵지 않다. 모두 이해가 되고 답이 나오고 실천이 되기 때문이다.

불교가 어렵다고 느껴지는 것은 내가 일상생활에서 정성 '성誠'을 벗어나, 내 욕심으로 내 감정으로 살기 때문이다. 정성精誠이라는 이름 아래 살아가면 불교는 조금도 어렵지 않다.

정성으로 불교를 믿는 사람은 절대 옆길로 빠지지 않는다. 정성으로 불교를 믿는 사람은 절대 불교를 착각하지 않는다.

하지만 정성이 없으면 불교를 믿으면서 스스로의 망상에 도취되어 쉽게 잘못을 저지르게 된다. '내 마음·내 생각'에 도취되어 내 멋대로 해버린다. 이렇게 되면 불교는 이미 불교가 아니요, 부처도 이미 부처가 아니다.

불교는 부처님께서 복을 주고 벌을 주는 종교가 아니다. "복도 내가 심어서 내가 거두고, 죄도 내가 심어서 내가 거둔다. 모든 것은 내가 심어서 내가 열매를 거둔다."는 것을 가르쳐주는 종교이다.

불자들이 부처님께 하는 절은 '미완성인 내가 완성된 나에게 하는 절'이다. 지금의 나는 아직까지 모순덩어리이지만, 내 수행의 결과는 누구든지 부처님처럼 거룩해질 수가 있다.

내가 지금 합장하고 절을 하는 부처님은 내 미래의 모습이다. 내가 완전한 인격자가 되었을 때의 모습이다. 미완성이고 덜 영근 내가 완전히 영근 나를 쳐다보면서 하는 것이 참된 불자의 절이다.

결코 절을 하는 나와 부처님을 따로 갈라놓아서는 안 된다.

날마다 나를 되돌아보면서 반성할 것은 반성하고 참회할 것은 참회하면서, 내 공부를 정성껏 지어나가야 한다. 한 계단 한 계단 올라가는 내 자신을 돌아보면서 나를 채찍질할 수 있어야 참된 불자이다.

불교를 복 주는 종교로 착각하여 조그마한 정성도 기울임 없이 엉뚱한 생각을 갖고 엉뚱한 기대를 걸면 자꾸 옆길로 가게 마련이다.

적어도 엉뚱한 생각을 갖고 엉뚱한 길로 가면서, '아이구, 부처님. 제가 지금 보시하고 절을 하니까 저에게 복을 주시고 우리 집안에 복을 주십시오'라고 하는 염치 없는 사람은 되지 말아야 한다.

원인이 바르면 결과 또한 바르게 나오기 마련이다. 내가 좋은 씨앗을 뿌려서 정성스레 가꾸어나가면 그 열매는 좋아질 수밖에 없다. 이것이 진리이다. 이것이 대우주 법계의 이치이다.

좀 더 지혜롭게 좀 더 너그럽게 마음을 쓰고, 행동 하나하나와 말 한마디 한마디를 조심하고 조심하면서, 자기의 목표를 향하여 정성껏 한 걸음 한 걸음 나아가는 것이 참된 불자의 길이다.

비록 지금은 힘이 모자랄지라도, 내 정성을 다하고자 노력하는 불자의 삶을 살면 언제나 부처님과 함께 할 수 있음을 명심하기 바란다.

꾸준히만 하면

스스로에게 물어보라.
'나는 어떠한 부처님을 섬기고 있는가?'

한 불자가 나를 찾아와서 물었다.

"불교에 의지한 지 얼마 되지 않았습니다. 그래서 불교를 알고 싶어 책을 보았더니, 부처님이 우리 마음 안에 있다고 했습니다. 부처님이 내 마음 안에 있다면, 이 절에 있는 법당 안의 부처님은 무엇입니까?"

이 질문에 여러분은 어떻게 답을 할 것인가?
사찰 법당에는 여러 가지 소재로 만든 불상이 봉안되어 있다. 나무·돌·흙·쇠·금부처님 등과 종이에 그린 부처님도 있다.

나무부처님과 그림부처님은 불을 만나면 타버리니 불을 이기지 못하고, 흙부처님은 물에 들어가면 흩어져 버리고 돌부처님은 물에 가라앉으니 흙부처님과 돌부처님은 물을 이기지 못하며, 쇠부처님과 금부처님은 용광로 속에서 녹아버리니 용광로를 이기지 못한다.

과연 법당에 계신 부처님은 무엇인가? 그리고 참다운 부처님은 어떠한 분이며 어디에 계신 것인가?

부지런히 연구를 하다 보면 이러한 문제들에 대한 해답은 쉽게 나온다.

그렇지만 연구를 하여 이러한 문제들을 풀려고 하지 말라. 염불·참선·주력·경전공부 등 평소에 하는 공부를 꾸준히 하다 보면 답이 저절로 나오게 되어 있다. 그런데 억지로 답을 꿰맞추려고 하면 점점 멀리 가버린다.

이러한 문제들에 대해 말로든지 행동으로든지

순간적으로 답이 나오지 않으면 그냥 내버려 두면 된다. 그대로 내버려 두고 평소에 내가 하는 공부를 부지런히 하다 보면, 언젠가 이 문제에 대한 답이 자연스럽게 나오게 되어 있다.

그럼 내가 품고 있는 의문의 답이 자연스럽게 나오는 때는 언제인가? 나의 몸과 마음에 대한 애착이 비워질 때이다.

깨달음을 이루려면 '나의 몸과 마음이 실체가 없는 허깨비나 꿈과 같다'는 것이 이해가 되고 체험이 되어야 한다. 내 몸과 마음이 전부 헛된 것이요, 믿을 수 없는 것이요, 집착을 해서는 안 된다는 것이 분명하게 꽂혀야 한다.

그런데 지금의 나는 어떠한가? 헛되다는 것이 조금이나마 느껴지고 있는가?

부처님을 비롯하여 미한 중생이나 모든 유정물들이 의지해서 살아가는 이 세상 모든 것들이 우리의 눈에는 있는 듯이 보이지만, 허깨비 같은 것이요, 꿈과 같은 것이요 공한 것이다. 다만 이것들이 모두 똘똘 뭉쳐져서 한 덩어리의 대우주법계, 내 마음의 세계를 이루고 있는 것이다.

따라서 이 대우주세계나 내 마음의 세계가 본래는 하나의 청정한 덩어리라는 것을 확신할 수 있어야 바른 생각이 정립되고, 바른 방편이 나온다.

그런데 지금의 우리는 바른 생각이라는 것도 서 있지를 않고, 바른 방편이라는 것도 잡혀 있지 않은 상태에 있다. 그러므로 참된 부처를 알 수가 없다.

그럼 어떻게 하여야 이것이 가능해지는가? 딴 방법은 없다. 모름지기 부지런히 공부를 하여야 한다.

염불을 하는 분은 적어도 하루에 1만 번 정도 해야 한다. 나의 경험으로 볼 때 3만 번까지는 스스로의 일상생활에도 책임을 질 수 있는 기도 분량이지만, 하루 1만 번의 염불도 괜찮으니 부지런히 하여 보라.

'아미타불·약사여래불·석가모니불·관세음보살·지장보살·문수보살' 등 어떤 불보살님이라도 좋다. 하루 1만 번씩 3년을 계속하여 보라. 3년을 계속 부지런히 하다 보면 눈치가 생기게 된다.

그리고 조금 더 열심히 하여 한 걸음 더 나아가면 소위 제3의 세계, 곧 정신통일이 이루어진 '삼매三昧의 세계'를 체험할 수가 있다.

그리고 '신묘장구대다라니'를 하는 사람은 적어도 하루에 1백 편씩, '광명진언'은 하루 1천 번씩 한 3년을 몰아붙여 보라. 정성스럽게 꾸준히 하다 보면 '나'의 몸이라고 하는 것이 완전히 헛된 것이요 공한 것이라는 체험이 따라오게 된다.

우리의 몸이 헛된 것이요 공한 것이요 아무 소용이 없다는 것을 체험할 수 있는 것은 꼭 부처님이나 큰스님들에게만 해당되는 차원이 아니다.

대전의 보현회관에서 앉아서 돌아가신 부여의

보살님을 비롯한 수많은 재가불자들도 체험을
한 차원이다. 법당에서 정진을 하다가 앉은 채로
그대로 돌아가신 부여의 보살님은, 가정생활을
하면서 아들딸 키우고 도시락 싸주고 청소하고
빨래하는 여느 어머니들과 똑같은 일상을 반복하
셨던 분이다.

　우리도 부지런히 하면 그렇게 된다. 부러워할
것 없다. 나도 부지런히 공부하면 반드시 된다.
부지런히 공부하면 깊은 선정의 세계를 체험할
수가 있는 것이다.

　비록 앉아서 합장한 채 가지는 못하더라도, 자
리에 조용히 누워서 깨끗하게 가야 한다. 마지막
까지 정신을 또렷하게 차려서, 자식들에게 '무엇
무엇 준비하고, 어떻게 어떻게 해라'하는 그런 모
습을 보여줘야 하지 않겠는가?

　그렇게 하려고 하면 '관세음보살'이든 '지장보
살'이든 '신묘장구대다라니'든 '광명진언'이든 부
지런히 몰아쳐서 우선 3년을 계속하여야 한다.

꼭 새겨두기 바란다. 부처님의 진짜 아들딸이 되고자 하면 나다·남이다를 구별하고 따지며 살고 있는 '이 몸과 마음이 모두 헛것'이라는 것을 체험은 못하더라도, 우선 이해는 해야 한다.

인연의 힘으로 어떤 물질체들이 모인 것이 이 '몸'이요, 이 물질체가 모인 속에 실제로는 아무것도 없지만, 어떤 실체가 있는 듯한 이것에 거짓으로 임시 이름을 붙인 것이 '마음'이라는 것은 이해할 수 있어야 한다.

✿

중국 선종의 제2조인 혜가慧可대사가 달마대사를 찾아간 이야기는 대부분의 불자가 잘 알고 있다. 혜가대사가 '마음이 불안하다'고 하자, 달마대사께서는 '마음을 가지고 오너라', '그 마음을 보여다오'라고 하셨다.

혜가대사는 마음을 찾기 위해 눈 속에서 칼로 자기의 팔을 끊었다. 그러나 팔을 끊었지만 마음은 그 어디에서도 찾을 수 없었다.

마음은 피부에도 붙어 있지 않고 살 속에도 붙어 있지 않고 핏줄에도 붙어 있지 않았다. 근육에도 마음이 없고 뼛속에도 마음이 없었다.

§

결국은 그 어디에서도 찾을 수 없는 마음….

그런데도 우리는 무엇인가가 있는 것처럼, '나'·'나' 하면서 내 마음을 자꾸자꾸 찾고 있다. 하지만 어떠한가? 마음이라는 것을 찾을 수 있는가?

우리의 몸 전체를 모두 분석하고 샅샅이 살펴보아도 '이것이 우리 마음이다' 하고 드러낼 수 있는 것은 없다. 이것을 철저하게 알아야 하는데, 우리는 꼭 하나가 있는 것처럼 착각을 하고 있다.

또한 '부처님, 깨달은 사람, 미한 중생'을 비롯하여 주변의 환경이며 세상의 모든 것들이 공空이라는 것을 알아야 한다. 이 모든 것이 허깨비나 꿈처럼, 있는 듯이 보여도 실체가 없고 헛된 것이라는 것을 정확하게 이해해야 한다.

불교에서 부처요 참된 진리요 불성佛性이요 반야般若요 원각圓覺이라고 하는 깨달음의 세계에 들어가기 위해서는, 눈앞에 펼쳐져 있는 이 세계가 헛된 것이라고 하는 것을 정확하게 알아야 하며, 정확한 이해를 주춧돌로 해서 실천을 해나가야 한다.

부처요 참된 진리요 불성이요 원각이라고 하는 그 마음을 진실로 알고자 하면, 생각을 바르게 가져야 한다. 생각을 바르게 가지려면 결국 번뇌가 없는 무념無念이어야 되고, 어디에 얽혀 있지 않아야 되고, 집착을 놓아버려야 한다.

내가 지은 업은 떨칠 수가 없다. 적어도 나쁜 업은 떨칠 수 있으면 좋겠는데, 떨칠 수도 없기 때문에 내가 뿌린 씨앗이 열매가 되어 나한테 떨어지는 것을 어떻게 할 수가 없다. 떨칠 수가 없기 때문에 내가 뿌린 씨앗의 열매로 거두어들일 수밖에 없다.

그럼 결박된 업 속에서 그냥 죽어야 하는가?

아니다. 해탈을 해야 한다. 해탈을 하기 위해 우리는 염불을 하고 '이 뭣고?'를 붙들고 앉았거나, 진언·다라니 등을 외우는 것이다.

삼매를 이루는 이러한 방편을 따라 하다 보면, 어느 날 문득 번뇌가 사라진 삼매 속에서 해답을 얻어 모든 의문을 풀고, 내가 해야 할 바와 내가 가야 할 날과 내가 가야 할 곳을 분명히 알게 된다.

결코 어렵게만 생각하지 말고 지금 조금씩 조금씩 정진하는 쪽으로 마음을 모아가자. 정진이 힘을 얻으면 반드시 깨달음을 얻어 무애자재한 삶을 이루게 되나니… 그날까지 부지런히 정진하시기를 축원 또 축원 드린다.

공부의 힘을 기르자

"꾸준히 공부하라!"

그렇지만 모래로 밥을 지으면 꾸준한 공부도 소용이 없다.

나는 불자들 중에 '모래를 가지고 밥을 하는 사람'이 많다는 것을 뼈저리게 느낄 때가 있다. 혹시 우리도 모래를 가지고 밥을 해 먹으려는 사람들과 흡사하게 살아가지는 않는지?

불과 몇 년을 절에 다녀 몇 마디 말을 익히고 나면 '이제는 불교를 다 알았다'하고, '이제 그만해도 되겠지'하는 이들이라면 모래를 쪄서 밥을 하려고 하는 사람과 다를 바가 없다.

그러므로 불교에 몸을 담고 있는 불자라면 졸업장을 만들고자 하고 계단을 만들고자 하면 안 된다. '어디쯤까지 하면 되겠다'는 한계점을 그어

놓고, '이만하면 되겠다'고 하면 안 된다. 진리의
세계에는 한계점이 없기 때문이다. 진리의 세계는
졸업장이나 수료증으로 통하는 세계가 결코 아니
기 때문이다.

　10년 동안 불교 공부를 한 사람이나 1년 동안
불교 공부를 한 사람의 겉모습은 별다른 표가
나지 않는다. 그러나 1년 불교 공부를 한 것과 2
년 공부를 한 것은 다르다. 해가 거듭될수록 내
가 체험하는 차원이 다르다는 것을 확연히 알 수
있다.

　겉으로 보기에는 별 차이가 없는 것 같지만, 큰
차이점이 있다. 맑고 밝고 깊고 편안한 그 세계를
무슨 말로 표현할 수 있겠는가? '이 물이 차가운
지 뜨거운지'는 물을 마셔본 자만이 알 뿐, 마셔
보지 못한 곁의 사람은 모른다. 아니, 절대로 알
수가 없다.

　그러므로 뼈저리게 부딪히며 공부를 해봐야 한

다. 스스로가 어디쯤에 계단을 만들어놓고, '뭐, 이만큼 올라왔으면 됐지'하는 식의 공부로는 안 된다. 그러다가는 다시 계단 밑으로 내려가기도 하고, 아예 집 밖으로 떨어져 나가기도 한다.

불교 공부에는 한계점이 없다. 불교 공부에는 졸업장이 없다. 어디를 끝이라고 할 것인가? 오직 끈기 하나를 가지고 계속 밀어붙여 보아야 알 수 있는 것이 진리의 세계요 법의 세계이다.

그런데도 명예와 공명에 눈이 어두워져서 앞으로 한 걸음 더 나아가지 못하는 승려가 많다. 신도회장 한번 지내고 나면 불교의 졸업장을 받은 것처럼 여기는 이들이 있다.

불교 공부에는 졸업장이 없고, 계급이 없다. 남의 눈앞에서 저울질을 해대는 그런 차원의 공부가 아니다. 설사 진리의 불빛을 조금 보았다고 해도, 그 불빛 본 것을 어깨에 걸러 메고 다녀서는 안 된다. 끝까지 가야 한다.

어떤 계급의식 속에, 남의 눈이나 남의 손가락질에 놀아나고 남의 혓바닥에 놀아나는 불자가 되어서는 안 된다. 남들이 올려다보면서, '저 스님이 큰스님이라 하더라'고 하면 거기에 휘말려 들어간다. 그리고 안타깝게도 공부를 끝까지 하려는 노력을 놓아 버린다.

끝까지 가려는 노력!

한평생을 이러한 뼈저린 노력이 꾸준히 뒤따라야 참된 불자요 참된 불교인이라 할 수 있다.

좋다. 이런저런 것은 다 그만두고라도 불교 공부를 하는 이들이 꾸준하게 꼭 해야 할 것은 내 가슴에 생긴 응어리를 모두 풀어내는 것이다.

부모에게 생긴 응어리, 내외간에 생긴 응어리, 자식에게 생긴 응어리, 형제간에 생긴 응어리, 물질 때문에 생긴 응어리, 명예 때문에 생긴 응어리….

이 모든 응어리가 풀어지고 녹아내리려면 단시

간에 되지 않는다. 10년·20년… 평생을 바쳐야
할 때도 있다.

그리고 이 응어리들이 녹아내렸다고 하여 끝이
나는 것이 아니다. 금생에 빚진 것 다 갚아야 하
고, 남의 가슴에 칼질한 것을 다 되받아야 하고,
남의 눈에 눈물 흘리게 한 것 다 되받아야 한다.

불교를 조금 알았고 조그마한 체험이 있었다고
하여 '이제 나는 다 올라왔으니까 그만해도 된다'
는 식의 어리석은 일은 저지르지 말아야 한다.

분명한 것은 내 가슴에 응어리가 남아 있는 상
태, 내가 물질에 걸리고 사람에 걸리고 이론에 걸
리는 상태로는, 한평생을 절에 다니고 불교 이야
기를 들어도 평화롭고 걸림 없는 경지를 이루기
가 쉽지 않다.

그러니 부디 불교 공부에 계단을 만들지 말아
야 한다. 불교 공부에 졸업장을 찾으려고 하지
말아야 한다. 힘이 들어도 그저 묵묵히 꾸준히 노

력해야만 한다. 중간에 꾀가 나서 이런 생각 저런 생각을 만들지 말고 꾸준히 하면 된다,

불교는 대우주와 크기가 같고 대우주와 수명이 같다. 그렇기 때문에 어디까지 가는 것이 졸업이라는 이야기가 있을 수 없다. 늘 부탁드리는 대로 내 공부의 중심을 잡고 흐트러지지 않도록 몰아붙이면 된다.

내가 만든 장난에 내가 빠지지 말아야 한다. 여기에다가 자꾸 계단을 만들려고 하거나 졸업장을 만들려고 하지 말라. 대우주와 크기가 같고 대우주와 수명이 같은 여기, 어디에 한계점을 만들어 놓고 졸업장을 붙일 것인가?

내 공부가 쌓이고 쌓여 날이 가고 해가 가면 점점 불교의 영험, 대우주의 영험을 체험하고 대우주의 모습을 알 수 있게 된다. 남이 뭐라고 하든 거기에 끌려다니지 말고 부지런히 부지런히 노력

하면 된다.

한 해 한 해 공부를 거듭할수록 점점 더 오묘해진 법계의 모습을 체험하게 되고, 한 걸음 한 걸음 향상할수록 불가사의한 법계의 모습을 체험하게 된다.

그리하여 마침내 부처님과 옛 어른들이 체험하고 나투신 영험이 부처님과 옛 어른들만의 일이 아니라 내 자신의 체험이 되면, 내 자신이 바로 그 세계에서 살고 있다는 것을 알 수 있게 된다.

부디 한 걸음 한 걸음 더 향상하면서, 부처가 되어가는 나 자신을 느끼고 체험하는 불자가 되기를 간절히 축원 드린다.

왜 봄인가?

이제 지금의 나를 점검할 한 가지 질문을 던지고자 한다.

우리나라는 사계절이 분명하며, 그 사계절의 첫 번째를 봄이라고 한다. 왜 봄을 봄이라고 하는가? 답을 해보라.

"? ‥‥‥‥‥ ?"

망설일 이유가 없다.

"봄이니까 봄이다."

이렇게 대답하면 된다. 봄이니까 봄이라고 하는 것이지, 봄이 아닌 것을 두고 봄이란 소리는 하지 않는다. 자꾸 내 꾀를 가지고 갖다 붙이려고 하니까 어긋나는 것이다.

그럼 답이 나오지 않을 때는 어떻게 해야 하는

가? 하던 공부를 꾸준히 그대로 하면 된다.

화두를 들든 경전을 공부하든 염불을 하든 주력을 하든, 공부 방법을 바꾸지 않고 꾸준히 하다 보면, 어떤 질문이 와도 생각을 굴리지 않고 바로 답이 나오는 자리에 이르게 된다.

이론적으로 따져서가 아니라, 앞도 뒤도 없이 주저하지 않고, 바로 그때 나타내는 행동이나 표현하는 말 그대로가 답이 되어 나오게 되어 있다.

'봄을 왜 봄이라고 하는가?'

이 질문을 하면 이 질문에 속는다. 저쪽 사람 말에 속는 것이다.

여기에 속지 않고 흔들리지 않아야 한다. 조금이라도 꾀를 붙여서 딴말로 꾸미려고 하면 벌써 진리에서 벗어나고 틀려버린다.

짧게는 3년 길게는 10년, 꾸준히 공부해보라. 그렇게 하면 불교의 선문답이나 어려운 경전 내용이 모두 이해가 된다. '아! 이 소리가 바로 그

소리구나. 내가 체험한 게 바로 이거구나'라는 것을 깨닫게 된다.

하지만 공부를 하지 않는 사람에게는 누가 와서 아무리 쉽게 이야기를 해주어도 어려운 말밖에 되지 않는다. 이것이 불교의 어려운 점이다. 공부하는 사람에게는 아주 쉬운 이야기인데, 공부하지 않는 사람에게는 까다롭고 어려운 것이 불교이다.

꼭 절에 가서 밤을 새워가며 할 필요도 없다. 집에서도 좋고 길거리를 걸어가면서도 괜찮다. 내가 공부로 세운 기둥 하나를 붙들고, 시도 때도 없이 자꾸 하면 된다. 부지런히 하면 된다.

이렇게 계속 공부하는 분에게는 눈에 보이지 않는 복과 덕이 함께 한다.

주위에서 불교 공부를 꾸준히 하는 이들을 곁에서 지켜보고 있노라면, 매우 어려운 경우가 닥쳐와도 쉽게 넘어가는 것을 볼 수 있다. 나는 그

때마다 말한다.

"자신이 부지런히 노력하는 사람은 대우주가 그
사람을 버려두지 않는다. 늘 도와주고 보호해준다."

'아미타불' 한 번 더 부르고, 광명진언이나 '옴
마니반메훔' 한마디 더 하는 그 속에, 눈에 보이
지 않는 복과 덕과 지혜가 내 곁으로 온다. 이런
점을 생각하면서, 힘이 들고 서툴지라도 잡다한
번뇌에 끌려다니지 말고 부지런히 노력해야 한다.

염불을 하든 경전을 보든 화두를 들든 주력을
하든, 부처님의 가르침을 깊게 받아들이는 사람
은 그 어떤 공부를 하든 진실한 행이 되고 절실
한 행이 된다. 피상적으로 넘겨버리면 아무것도
남는 게 없지만, 절실하고 간절하게 받아들이면
날이 갈수록 공부의 강도가 차츰차츰 깊어지는
것을 스스로 알아차릴 수가 있다.

우리는 내가 분명히 살아 있어 모든 일상을 내 생각대로 이끌어가고 있는 것과 같이 느끼지만, 사실은 생각이 자꾸 단절되고, 엉뚱한 곳으로 달아날 때가 많다. 염불을 하면서도 끊어지고 주력을 하면서도 자꾸 달아난다.

끊어짐 없이 의식이 살아서 연결이 되어야 한다. 의식이 흩어지지 않고 모여야 한다.

부처님의 가르침을 피상적으로 넘겨버리면 아무것도 남는 게 없다. 이생의 마지막 순간에는 아무것도 가져갈 것이 없다.

그러나 움직일 때와 고요할 때가 한결같이 연결이 되고, 말을 할 때와 침묵할 때가 한결같이 연결이 되면, 죽음을 넘어서고 생과 사가 하나인 생사일여生死一如의 경지에 이르게 된다.

부처님을 찾고 부처가 되고자 하는 우리는 작년보다는 올해, 어제보다는 오늘, 부처님의 가르침에 한 발자국 더 가까이 다가서 있어야 한다.
앞으로 한 걸음 더 나가 있어야 한다.

나는 '정성 성誠자가 부처'라는 말과 '하나의
목표를 설정하고 부지런히 노력하여 그 목표를
이루는 것이 하나의 성불'이라는 말을 즐겨 쓰고
있다.

이렇게 하나를 이룩하고 또 하나를 이룩하는
불자, 정성으로 불교를 믿는 불자일진대, 어찌
성불의 길로 한 걸음 한 걸음 더 나아가지 않겠
는가?

성불成佛! 성불….

당부드리고 싶은 두 가지

나는 불자들에게 어렵지 않게 실천할 수 있는 두 가지를 부탁드리고자 한다.

첫 번째 부탁은 '식사할 때 감사의 축원을 하자'는 것이다.

대부분의 사람들은 하루 세끼의 식사를 한다. 그런데 음식을 앞에 두고 그 은혜를 생각하거나, 감사하는 마음으로 합장을 하며 먹는 이는 드물다.

나의 앞에 놓인 음식.

그 음식에는 하늘의 은혜와 땅의 은혜가 배어 있다. 그리고 농부를 비롯한 여러 사람의 땀방울이 스며 있다. 과연 '나'는 그 음식을 무심하게 먹을만한 자격이 있는 사람일까?

우리가 식욕食欲이라는 본능만을 좇아 음식을 먹는다면 동물과 다를 바가 없다. 사람이라면 감사를 하면서 그 음식을 먹어야 하며, 그 음식으로 인해 생겨난 에너지로 '나'의 책임을 다하고 은혜에 보답하는 노력을 해야 한다.

우리는 분명히 기억해야 한다. 음식에 대해 감사하는 마음이 '나'와 주위를 복되게 만든다는 것을!

실로 감사하는 마음으로 음식을 먹는 사람과 감사함을 잊은 채 음식을 먹는 사람의 복력福力은 하늘과 땅의 차이로 벌어진다. 그러므로 불자인 우리 부모님들은 꼭 자녀들에게도 합장을 하고 감사의 축원을 하도록 가르쳐야 한다.

"이 공양이 오기까지의 모든 인연에 감사드립니다. 그 모든 인연에 자비와 평화와 행복이 충만하여지이다."

이것이 길다면 더 짧아도 좋다.

"감사히 잘 먹겠습니다."

"감사합니다."

"이 음식을 먹고 몸의 기력을 보충하여 나의 본분을 다하겠습니다."

짧든 길든 상관이 없다. 속으로 세 번만 하라. 이렇게 합장을 하고 감사의 축원을 할 때 한없는 공덕이 생겨나고 나의 마음이 복전福田으로 바뀌게 된다는 것을 꼭 명심하고, 식사 때의 합장과 감사와 축원을 생활화하실 것을 당부드린다.

두 번째 부탁은 '가족에게 참회하고 절을 하자'는 것이다.

한 번 기억을 되돌려 우리의 아들딸에 대해 이야기해보자. '나'의 뱃속에 아들이나 딸을 간직하고 있었을 때 어떻게 하였는지를?

"고맙습니다, 아기 부처님. 나의 몸속에 편안히

계시다가 나오셔서 중생을 위해 이바지하소서."

이와 같은 기원을 하며 열 달 동안 배 속에다 자식을 간직한 분이 있는가? 이렇게까지는 하지 않았겠지만 나름대로는 애를 많이 썼을 것이다.

그리고 때로는 짜증, 때로는 신경질, 때로는 화, 때로는 후회를 하면서 어머니와 자식 사이의 인연을 맺기도 하였을 것이다.

어찌 배 속만이랴. 배고파하는 아기에게 젖꼭지를 물리면서, 똥오줌을 치다꺼리하면서, 불편한 심기를 내비친 것도 한두 번이 아니었을 것이며, 괘씸하다는 생각과 밉다는 생각 없이 자식을 기른 부모가 몇이나 되랴?

엄밀히 뒤돌아보면, 자식을 위해 희생을 한 만큼이나 자식들에게 보이지 않는 칼날을 휘두르며 살아온 이가 부모이다. 세 치의 짧은 혀로 '내 아들, 내 딸' 하면서, 바로 그 혀로 아들딸의 가슴에 못을 치는 것이 우리 부모들이다. 그럼 그 박힌

못이 앞으로 어떻게 작용을 할까?

또 집집마다 남편과 아내들이 부부라는 명목 아래 서로에게 못 할 짓, 못 할 말을 함부로 하는 경우가 많다. 그런데 그 못 할 짓, 못 할 말이 아들딸의 마음에 칼질을 하는 것임을 생각해보았는가?

이 모든 문제는 '나'에 대한 애착에서 비롯된다. '나'에 대한 애착이 눈 앞을 가리면 남편도 아내도 증오의 대상이 되고, 그토록 정성을 다해 키운 아들딸도 화풀이감으로 바뀌어, 그들의 마음에 상처를 주는 무서운 칼날을 휘두르고 만다.

과연 이러한 우리가 사랑하는 부부요 아낌없이 베푸는 부모라고 할 수 있을까?

이렇게 집집마다 '부부싸움은 칼로 물 베기'라는 명분 아래, 서로에게 칼질을 하면서 집안에 검은 독 기운을 마구 뿌리고, '부모자식'이라는 이름으로 집안에 독 기운을 피워 놓는데, 어떻게 재수가 있기를 바라고 집안이 잘되기를 바랄 것인가?

불자인 우리는 이러한 점을 되돌아보며 살아야 한다. 나의 고집, 나의 애착, 나의 욕심 이전에 참된 불자의 길이 무엇인지를 돌아보면서, 나와 집안의 향상과 행복을 바라보며 살아야 한다.

그런데도 우리는 엉뚱한 쪽을 건너다보면서 엉뚱한 축원을 한다.

"부처님, 저의 욕심을 이루게 해주십시오. 저의 욕심을 채워주십시오."

절에 가서 나무나 돌이나 흙이나 쇠로 만든 불상 앞에서 열심히 기원을 한다고 하여 '나'의 욕심대로 이루어질 것 같은가? 아니다. 향상과 행복을 바란다면 철두철미한 '나'의 정진이 있어야 한다.

불상에는 예배를 하지 않을지라도, '나'의 아버지라는 부처님, 어머니라는 부처님, 남편·아내·아들·딸이라는 부처님에게는 하루에 삼 배씩 절을 올리며 참회하고 축원을 해야 한다.

"제가 잘못한 것, 모두 참회합니다.

언제나 건강하시고,

당신이 원하는 일, 순탄하게 이루소서."

이렇게 참회하고 축원을 하면서 '내 가족'이라
는 부처님께 매일 삼 배씩 절을 하는 분이야말로
진정한 축원을 할 줄 아는 참된 불자이다.

가족을 향해 절을 하면서 참회하고 축원을 하
는 불자! 진정한 신심을 갖추어 장차 부처가 될
불자라면, 내 가족이라는 부처님께 삼 배씩을 꼭
꼭 할 수 있어야 한다.

부디 나를 돌아보며 가족을 향해 참회하고, 나
를 단속할 줄 아는 불자가 되기를, 가까운 내 가
족을 부처님처럼 공경할 줄 아는 불자가 되기를
간곡히 당부드린다.

나무마하반야바라밀.

저자 우룡雨龍 스님

1932년생. 1947년 고봉스님을 은사로 출가하였고, 1955년 동산스님을 계사로 구족계를 수지하였다. 학봉스님께 사집을 수학하고, 고봉스님 문하에서 대교과를 마쳤다.

1963년 김천 청암사 불교연구원에서의 전강을 시작으로, 화엄사·법주사·범어사 강원의 강사를 역임하였으며, 수덕사 능인선원·직지사 천불선원·쌍계사 서방장·통도사 극락선원 등의 제방선원에서 수행하였다.

현재 경주 함월사 조실로 계시면서 후학을 지도하고, 불자들의 불심을 깨우쳐 주고 계신다.

저서로는 『불교의 수행법과 나의 체험』 『정성 성이 부처입니다』 『불자의 살림살이』 『불교신행의 주춧돌』 『생활 속의 금강경』 『생활 속의 관음경』 『영가천도』 『신심으로 여는 행복』 『불교란 무엇인가』 『기도 이야기』 『기도성취의 지름길』 『불자의 행복찾기』 등이 있으며, 역서로는 『금강경』 『관음경』 등이 있다.

우룡큰스님의 스테디셀러

불자의 행복 찾기
신국판 190쪽 6,500원

우룡스님 설법의 결정판. ① 복 받기를 원하거든 ② 보시로 이루는 큰 복 ③ 아상과 무주상 ④ 행복과 기도 등 총 4장으로 나누어져 있는 이 책을 읽다 보면 복 짓고 복 쌓고 복 받는 방법과 원리를 저절로 터득할 수 있게 됩니다.

불교란 무엇인가
국판 160쪽 5,500원

'불교는 해탈의 종교·해탈을 얻는 원리·무엇이 부처인가·소승과 대승불교' 등 불자들이 마음에 새기고 실천해야 할 불교의 핵심되는 가르침을 많은 예화를 곁들여 설한 책입니다.

정성 성誠이 부처입니다
신국판 240쪽 8,000원

'정성 성'이 부처요, 모든 것이 부처님 하는 일. 대우주와 하나되는 삶, 마음 단속과 마음 열기, 마음 다스리기, 번뇌와 업장을 비우는 방법 등을 쉽게 일러주고 있습니다.

신심으로 여는 행복
신국판 192쪽 6,500원

믿음과 기도, 신심을 키우는 방법, 신심 속에서 나타나는 가피와 성취, 윤회에 대한 믿음, 불성의 발현과 믿음, 가정과 나를 살리는 실천법 등이 수록되어 있습니다.

불자의 살림살이
신국판 160쪽 5,500원

참된 불자의 살림살이가 무엇인지, 특히 가족을 향한 참회와 복 짓는 방법, 평온을 얻고 지혜를 이루는 방법을 쉽고도 일목요연하게 설한 법문집입니다.

불교의 수행법과 나의 체험
신국판 160쪽 5,500원

염불 및 주력수행법, 기도를 잘하는 법, 경전공부의 방법, 참선 수행법, 수행과 업장소멸, 수행정진의 비결 등을 스님의 체험을 예로 들면서 재미있게 엮었습니다.

불교신행의 주춧돌
신국판 240쪽 8,000원

신행생활 속에서 자주 겪게 되는 시행착오를 미리 피하고, 올바른 정진을 하여 깨달음의 세계로 나아가는데 꼭 필요한 마음가짐과 신행방법 등을 자상한 문체와 일화들로 알기 쉽게 엮었습니다.

우룡큰스님의 스테디셀러

생활 속의 금강경   신국판 304쪽 9,000원

금강경의 심오한 내용을 알기 쉽게 풀이하고 일상생활과 접목시켜 강설함으로써 삶의 현장에서 금강경의 가르침을 능히 응용할 수 있도록 하였고, 감동을 주는 일화들을 많이 삽입하여 재미를 더해주고 있습니다.

생활 속의 관음경   신국판 240쪽 8,000원

관세음보살보문품인 관음경을 통하여 관세음보살의 본질, 일심칭명과 재난 소멸법, 공경예배와 소원 성취법, 관세음보살을 관하는 법 등에 대해 여러 가지 영험담과 함께 감동적으로 풀이하고 있습니다.

영가천도   신국판 160쪽 5,500원

영가의 장애를 느끼십니까? 돌아가신 영가를 영가를 제대로 천도해 드리지 못했습니까? 영가천도의 필요성과 기본자세, 염불·독경·사경을 통한 영가천도, 49재, 낙태아 천도 등 영가천도에 관한 궁금증 및 천도의 방법을 우룡스님의 자세한 법문으로 풀어드립니다.

기도 성취의 지름길   4×6판 160쪽 4,500원

제1부「가족 행복을 위한 기도」에서는 가족을 향한 참회와 절의 필요성, 3배 기도의 큰 영험에 대해 일러주고 있으며, 제2부「빠른 기도 성취의 길」에서는 믿음과 정성이 뒤따라야 기도 성취를 잘할 수 있고, 기도의 고비를 잘 넘겨야 능히 행복과 대해탈의 문이 열린다는 것을 많은 이야기를 곁들여 설하고 있습니다.

기도 이야기   신국판 204쪽 7,000원

"스님, 기도로 소원을 성취할 수 있습니까?" 총 6장 45편의, 참으로 재미있는 기도성취 영험담이 수록된 이 책을 읽고 기도를 하면, 불보살님과 통하는 감응의 길이 열리면서 심중소원을 빨리 성취하게 됩니다. 또한 이야기 끝에 붙인 큰스님의 해설은 기도의 방법을 쉽게 터득할 수 있도록 이끌어줍니다.

신묘장구대다라니 기도법 / 우룡스님·김현준 신국판 208쪽 7,000원

신묘장구대다라니를 외우면 생겨나는 가피와 공덕, 기도의 방법과 주의할 점, 우룡스님이 들려주는 14편의 영험담, 대다라니의 근본경전인『무애대비심다라니경』을 수록하고 있는 이 책을 읽고 자신있게 기도하면 심중 소원의 성취와 기적같은 체험도 할 수 있습니다.